Wer an Wunder glaubt,
der wird sich wundern!

MANFRED LECHLER

Wer an Wunder glaubt, der wird sich wundern!

Nachhaltige Erlebnisse aus meiner Kindheit

Illustration: Julia Kinzel-Faasel

Bibliografische Information der Deutschen Nationalbibliothek:

Die Deutsche Nationalbibliothek verzeichnet diese Publikation
in der Deutschen Nationalbibliografie; detaillierte bibliografische
Daten sind im Internet über dnb.dnb.de abrufbar.

© 2021 Manfred Lechler

Illustration: Julia Kinzel-Faasel

Satz, Herstellung und Verlag: BoD – Books on Demand,
Norderstedt

ISBN: 978-3-7534-6958-4

Inhalt

Die dringend gebrauchte Überraschung

In den letzten Lebensjahren meines Opas war für meine Mutter, meinen Bruder und für mich die Welt noch in Ordnung. Meine Mutter war alleinerziehend. Sie hatte schon ihre Mutter bis zu deren Tod aufopferungsvoll gepflegt. Jetzt sorgte sie für ihren Vater, unseren Opa. Dieser Familienverbund war für alle Familienmitglieder in jeder Hinsicht positiv. Hier ist die Rede von den Jahren um 1950 bis 1959. In den Familien, wo der Vater aus dem Krieg oder der Gefangenschaft heimkehren durfte, einer Arbeit nachgehen konnte, war ein einigermaßen sicheres Auskommen gewährleistet. In diesen Familien waren auch für die Kinder und deren Bedürfnisse die nötigen Mittel vorhanden.

Zu den Familien gehörte auch mein Schulfreund und Nachbar Peter. Wir leider nicht. Trotzdem hatten wir keine Not. Die Ansprüche waren im Allgemeinen nicht hoch. Damals fielen die etwas ärmeren Leute, und dabei besonders die Kinder, nicht sonderlich auf. Ich wurde schon oft gefragt: »Na, wie war deine Kindheit?« Darauf habe ich bis heute stets die gleiche Antwort: »Ärmlich, aber wunderschön.«

Mein Opa hatte drei Streuobstwiesen, zwei Felder und ein eigenes Häuschen. Darin gab es einen Stall für ein Schwein und einen weiteren Stall für ein Ziegenpaar. Am Haus gab es einen Hof, einen Garten und eine Wiese. Zusammen mit dieser Aufzählung und der Rente meines Opas hatten wir ein auskömmliches Einkommen. Jeden Abend brachten mein Bruder und ich Ziegenmilch an feste Abnehmer. Einmal im Monat wurde abgerechnet. Dabei gab es auch für uns Kinder immer ein schönes Trinkgeld. Der Herbst brachte in jedem Jahr die höchsten Einnahmen. Nennenswert ist hier der Apfelverkauf. Außerdem wurden Getreide und Kartoffeln verkauft und für den Eigenverbrauch genutzt.

An einem Herbsttag 1954 ging mein Opa wieder seiner Lieblingsbeschäftigung nach: Äpfel sortieren und verwiegen. Anschließend richtete er die Obstkisten für den Verkauf. Das geschah oben auf unserem großen

Dachboden. Meine Mutter unterzog mich gerade im Badezuber in unserer Küche der üblichen Freitagabendwaschung, als mein Opa die Treppe vom Dachboden herunterkam. Er ging direkt zu meiner Mutter in die Küche und starb in ihren Armen. Von dem Tage an war bei meiner Mutter, meinem Bruder und mir nichts mehr, wie es bisher war. So sollte es auch nie mehr werden.

Nach einer langen Erbauseinandersetzung erbte meine Mutter das Häuschen und ihre beiden Brüder alles andere. Natürlich war das Haus trotz seines hohen Alters etwas wertvoller als die anderen Liegenschaften meines Opas. Wir wissen aber heute sehr genau, was es bedeutet, über viele Jahre hinweg die Eltern zu pflegen. Unsere Großmutter war etliche Jahre ein Pflegefall. Sie wurde von unserer Mutter über die ganzen Krankheitsjahre liebevoll gepflegt. Gerne wäre meine Mutter Krankenschwester geworden, doch durch die Pflege meiner Oma konnte sie sich ihren Berufswunsch nicht erfüllen. Wir Kinder waren erleichtert, als wir das Haus unseres Opas unser eigen nennen durften. Das war das Positive in dieser Zeit. Wenigstens behielten wir unser eigenes Zuhause. Mit Gottes Hilfe würde sich alles andere finden.

Und so kam es dann auch. In der Schule gab es für wenig Geld die sogenannte Schülerspeisung. Mein Lehrer sagte zu mir, während andere Mitschüler daneben standen: »Du musst nichts bezahlen für die Milch, das übernimmt jetzt das Sozialamt für dich.« Nach diesem Hinweis des Lehrers wusste ich, jetzt gehöre ich zu den Armen. Umso mehr war ich in der Folgezeit bemüht, beim Alteisensammeln noch aktiver zu werden. Auch Weinbergschnecken wurden damals gut bezahlt. Trotzdem wollte das Geld einfach nicht mehr reichen. Die Einnahmen von unserem Opa fehlten. Keine Ziegen, kein Schwein, kein Obst gab es mehr. Alles half nichts, die Mutter musste Arbeit finden. Es war sehr schwer, denn die lange Pflege hatte sie anfällig für Krankheiten gemacht.

Wenn wir von der Schule nach Hause kamen, lag jeden Tag ein großer Zettel auf dem Küchentisch. Auf ihm wurde in der richtigen Reihenfolge von unserer Mutter aufgeführt, was die zu erledigenden Arbeiten für den jeweiligen Tag waren. Von Frühjahr bis Herbst haben den größten Zeitumfang das Gartengießen und die Arbeiten in Haus und Hof eingenommen. Auch der Pfarrer unserer Kirchengemeinde hat mitgeholfen, unserer Mutter weitere Einnahmen zu verschaffen. Er übertrug ihr die Kirchensaalreinigung für einen guten Lohn.

Mein Bruder und ich haben bei der Kirchenreinigung auch mitgeholfen. Nach kurzer Zeit hatten wir von der Mutter gelernt, wie man solch eine Reinigung anpackt. Dieses Wissen sollten wir schon bald unter Beweis stellen. Nach drei Monaten Reinigungsdienst musste unsere Mutter für etliche Wochen ins Krankenhaus. Auf das Reinigungsgeld konnten wir nicht verzichten. Also blieb uns keine andere Wahl, als den Kirchensaal ohne die Hilfe der Mutter zu putzen. Der Herr Pfarrer war mit unserer Arbeit zufrieden und entlohnte uns in gewohnter Weise. Hier muss ich zu meiner Schande eingestehen: Ich habe am wenigsten geputzt!

Das kam so. Während eines Einsatzes im Kirchensaal wollte ich auch einmal auf die Kanzel steigen und von oben »zu unserer Gemeinde sprechen«. Als ich mit meiner »Ansprache« am Ende war, rief mir mein Bruder zu: »Mach doch weiter da oben, ich höre dich so gerne reden. In dieser Zeit brauchst du auch nicht zu putzen.« So kam es, dass ich jeden Freitag beim Kirchenputz den größten Teil der Putz-Zeit auf der Kanzel verbrachte. Ich fing an, selbsterfundene Geschichten zu erzählen. Dabei ließ ich meist auch Tiere sprechen. Mein Bruder wartete schon mit Spannung auf die Fortsetzung am nächsten Freitag. Das Putzen ist mir bis heute nie richtig von der Hand gegangen. Mein Bruder hingegen hat natürlich das Putzen in dieser Zeit so richtig gelernt. Ein wenig habe ich mich im Nachhinein schon geschämt, als meine Mutter großes Lob vom Herrn Pfarrer empfing für die gute Arbeit, die ihre beiden Kinder in der Kirche verrichteten. Als ich später in der Schule oder auch bei kirchlichen Veranstaltungen ohne Knieschlottern auftreten konnte, wusste ich, dass auch ich aus den Putztagen etwas gelernt habe.

Es war an einem Tag Anfang Herbst, als mein Bruder und ich schon den zweiten Tag Zucker mit Wasser aufgeklebt auf unserem Schulbrot hatten. Etwas anderes war nicht mehr im Hause. Ehrlich gesagt, ich habe es sehr gerne gegessen, aber wir wissen, zu viel Zucker ist ungesund. Auch damals schon. Ich hätte das schöne Zuckerbrot – wenn ich mich nicht geniert hätte – sehr gut verkaufen können. Noch drei bis vier Tage musste meine Mutter warten, bis wieder kleine Einnahmen ins Haus kamen. Bei der Abendandacht hatte sie unsere Situation dem Vater im Himmel anvertraut. Auch mein Bruder und ich mussten an diesem Abend nicht lange überlegen, um was wir im Gebet bitten sollen.

Als Kinder sahen wir die ganze Sache nicht so tragisch, wir schliefen trotzdem gut. Ob die Mutter auch gut schlief, wage ich heute zu bezweifeln. Unser Haus stand fast direkt neben der Schule. Wir konnten also immer eine viertel Stunde länger schlafen als unsere Mitschüler. So auch an diesem Morgen. Noch einmal gingen wir mit Zuckerbrot zur Schule. Heute freute ich mich besonders auf den Nachmittag. Es war Frühherbst. Im Garten war fast nichts mehr zu tun. Das Umgraben wurde von unserer Mutter selbst vorgenommen. Also hatte ich mit Peter einen abenteuerlichen Ausflug beschlossen. Er verriet mir:

»Wenn wir vom Wald zurück sind, bist du bei uns zum Vesper eingeladen.« Ich wusste, bei diesem Vesper gibt es Butter und auch Wurst.

Und so ging wieder ein Kindheitstag zu Ende, an den ich mich bis heute gerne erinnere. Doch noch bedeutungsvoller war der nächste Tag. Meine Mutter hörte im Hause fast immer die Schulglocke läuten. Sie war laut, und wir wohnten ja gleich nebenan. Heute aber, an diesem Mittag, konnte sie es kaum erwarten, bis die Glocke zum Schulschluss läutete. An anderen Tagen hörte meine Mutter mein Klopfen an der Haustüre nicht unbedingt sofort. Sie konnte sich auch mal im Keller oder unserer kleinen Hofscheune befinden. Heute jedoch bedurfte es keines mehrmaligen Klopfens. Schon auf der letzten Treppenstufe hörte meine Mutter, dass ich komme. Schnell war die Haustüre offen. Mit fröhlicher Mine sagte meine Mutter fast ein bisschen aufgeregt: »Komm nur schnell herein, heute habe ich eine große Überraschung für euch, kommt dein Bruder auch gleich?« »Ja, ja, der bespricht noch was mit seinen Schulkameraden.« Nun, ich kannte unsere »Haushaltslage«, und deshalb war es mir nicht so wichtig, was es zum Mittagessen gab. Aber stutzig machte es mich doch, das seltsame Lächeln meiner Mutter, als sie mich begrüßte. Etwas ist heute anders als sonst, dachte ich noch, als sie mir andeutete, ihr ins Nebenzimmer zu folgen. Es war das Zimmer neben dem Wohnzimmer, das mein Opa bewohnt hatte, als er noch lebte. Ich folgte also. Die Türe stand weit offen und war mit einem kleinen Keil festgemacht, so dass sie sich nicht von selbst schließen konnte. Als ich ins Zimmer eintrat, wusste ich warum. Das, was auf dem großen Ausziehtisch aufgebaut war, musste ja vorher hereingetragen worden sein. Da war die Türe im Wege gewesen. Ich traute meinen Augen nicht. Hier war das Feinste vom Feinen dicht gedrängt auf dem Tisch zusammengestellt. Ausgesuchte Lebensmittel, edel verpackt, Büchsen und Kartonagen, schönes Obst und Kaffee gleich mehrere Päckchen. Dazu Kakao, besondere Käsesorten, Salami und Oliven sowie Pilze in Gläsern. Ein besonderer Duft erfüllte unser Nebenzimmer, als stünden wir im Feinkostladen.

Was war geschehen? An diesem Tag reisten unangekündigt, die beste Freundin meiner

Mutter zusammen mit ihrer Schwester bei uns an. Die Freundin war inzwischen schon mehrere Jahre in der Schweiz verheiratet. Nach den ersten Umarmungen und Plaudereien erkannte die Freundin meiner Mutter unsere häusliche Situation. Da die beiden Schwestern zwei Tage bei uns bleiben wollten, fuhren sie zunächst nach Heilbronn, um das »Nötigste« einzukaufen.

Als ich dann später von der Schule nach Hause kam, waren die beiden noch dabei, ein zweites Mal einzukaufen. Jetzt ging es dabei um die leicht verderbliche Ware zum baldigen Verbrauch. Das waren in erster Linie Fleisch- und Wurstwaren, Salate und Gemüse. Die Freundin meiner Mutter war eine sehr lebenslustige Frau. Entsprechend interessant und fröhlich verliefen die nächsten zwei Tage. Von den Köstlichkeiten, die unser Besuch zurückließ, zehrten wir noch sehr lange.

Sicher kann unser himmlischer Vater nicht jeden Gebetswunsch sofort erfüllen. Aber schon als Kind habe ich die Erfahrung gemacht, dass es sich lohnt, mit unserem Herrn Jesus in ständiger »Verbindung« zu bleiben.

Das unerwartete
Adventsgeschenk

Es war in der zweiten Adventswoche 1954. Damals war ich zehn Jahre alt. Wie an jedem Abend vor dem Zubettgehen rief uns unsere Mutter zur Abendandacht. In gewohnter Weise trafen wir uns alle drei im Wohnzimmer. Dort vor unserem Sofa (heute sagt man Couch) gingen wir auf die Knie. Links mein Bruder, in der Mitte unsere Mutter, und rechts daneben kniete ich. In der Regel jeden Tag derselbe Ablauf. Zuerst betete unsere Mutter, dann mein älterer Bruder, und den Schluss machte ich. Das Gebet meiner Mutter dauerte immer am längsten. Für uns Brüder war das Beten gar nicht so leicht. Deshalb sprachen wir oft vor der Andacht noch miteinander. »Was betest du heute?«, fragte einer den anderen. Eine Kleinigkeit fiel uns dann doch meistens ein. Wir hatten ja auch Anregungen von Mutters Gebet.

Nachdem wir Kinder zu Bett gegangen waren, saß unsere Mutter oft noch lange am

Tisch. Mein Bett war gleich im Nebenzimmer. An diesem Abend bin ich wohl noch einmal aufgewacht und hörte meine Mutter sprechen. Ich versuchte, so viele Worte wie möglich zu verstehen. Offensichtlich betete sie noch einmal. Wie ich vernahm, ging es bei ihren Bitten darum, dass sie die Zutaten, die sie brauchte, um Weihnachtsplätzchen zu backen, nicht kaufen konnte. Dazu fehlte ihr einfach das Geld. In dieser Zeit hatten etliche Schulkameraden von ihren Müttern schon die ersten Plätzchen zum Naschen bekommen. Nachdem ich einen Teil des Gebetes meiner Mutter gehört hatte, wusste ich, das wird für unsere Familie in diesem Jahr wohl nichts mit dem leckeren Weihnachtsgebäck. Für meine Mutter tat es mir natürlich auch ein wenig leid. Dann muss ich eingeschlafen sein.

Am nächsten Tag nach der Schule und einem einfachen Mittagessen stand ich am Fenster und sah unsere Tante Erna die Straße herabkommen. In jeder Hand trug sie eine offensichtlich schwere Einkaufstasche. Sie ging direkt auf unser Haus zu. Wir sagten halt Tante Erna zu ihr, obwohl sie nur

ganz weitläufig mit uns verwandt war. »Ob sie wohl zu uns kommt?«, warnte ich schnell meine Mutter. Sie sagte: »Ich erwarte eigentlich keinen Besuch«, als es bereits tüchtig an unsere Haustüre pochte. Ganz außer Atem stand Tante Erna vor unserer geöffneten Türe und sagte: »Gott sei Dank, ihr seid zu Hause. Lange hätte ich meine zwei Taschen nicht mehr tragen können.« Sie war halt schon eine ältere Tante. »Komm nur herein, Tante Erna, und ruh dich aus. Kann ich dir etwas anbieten? Musst du noch weit gehen mit deinen Taschen, sollen wir helfen?«, fragte meine Mutter.

»Nein, nein«, sagte die Tante, »das, was in den Taschen ist, habe ich für euch mitgebracht.« Während sie das sagte, stand ich schon bereits ganz dicht bei den Taschen. Mein Herz pochte, hoffentlich war in den großen Taschen auch für mich etwas dabei. Nacheinander und in aller Ruhe wurden die Taschen geleert. Alles, was zum Plätzchenbacken gebraucht wird, wurde schön nebeneinander auf den großen Wohnzimmertisch gestellt. Unauffällig wischte sich meine Mutter eine Träne aus ihren Augen.

Die Tante Erna hatte es immer eilig. Nachdem das letzte Päckchen auf dem Tisch stand, hat sie sich auch schon wieder verabschiedet. So war sie halt. Einen großen Dank wollte sie nicht. »Das habe ich euch gerne gebracht. Noch eine schöne Adventszeit wünsche ich.« Dann machte sie sich wieder auf den Heimweg.

Aber dann ..., von Mittag bis in den späten Abend hinein hat meine Mutter zusammen mit meinem Bruder und mir Weihnachtsplätzchen und Christstollen gebacken. Plötzlich war die Auswahl der verschiedenen Sorten größer als im vorigen Jahr. Die uns von Tante Erna mitgebrachten Backzutaten erfüllten noch einen weiteren guten Zweck, denn mein Bruder und ich wussten schon bereits am Nachmittag, für was wir uns beim Nachtgebet bei unserem lieben Gott bedanken konnten.

Gibt es auch für mich eine Lehrstelle?

Nach dem Tod meines Opas kümmerte sich im Bedarfsfall die Tante meiner Mutter so gut sie konnte um meinen Bruder und mich. Als Schneidermeisterin hatte sie natürlich viel zu tun. Es war in den 1950er Jahren üblich, dass die von allen Familienmitgliedern getragene Kleidung bei Bedarf von einer guten Näherin überarbeitet wurde. Die Stücke wurden verändert oder ausgebessert. In den Nachkriegsjahren war es einfach notwendig, die gebrauchten Sachen wieder tragfähig zu machen. Da bekam die Mutter mal wieder eine neue Bluse aus einem aufgetrennten Kleidungsstück ihrer Großmutter. Der Sohn bekam eine hübsche Hose oder Jacke aus Beständen der Verwandtschaft. Auch aus Armeeteppichen, neu eingefärbt, entstand ein winterlicher Herrenanzug. Bis zu zwei Wochen schneiderte meine Großtante Lina oft im Haushalt einer Familie. Dort erschien sie im Sommer morgens um sieben Uhr und im Winter um 7:30 Uhr. Zu ihrem Lohn wurde ihr noch ein Mittagessen, Nachmittagskaffee und Abendessen kredenzt. Sie war eine Powerfrau in jeder Hinsicht.

In den letzten Kriegstagen, nachdem die amerikanischen Panzer unser Dorf einnehmen wollten, entwickelte sich für Tante Lina eine dramatische Lage. Wenige deutsche Soldaten, die noch an den Endsieg glaubten, versuchten die Panzer aufzuhalten. Im Schutze des Hauses meiner Tante – es war damals das letzte Haus im Dorf – beschossen die deutschen Soldaten die anrückenden Panzer. In Sorge um ihr Haus flehte meine Tante die deutschen Soldaten an, sich doch über den naheliegenden Fluss zurückzuziehen. Dort drüben auf den Höhenzügen lagen die letzten deutschen Truppenverbände. Alles Bitten war vergeblich. Schließlich erwiderten die amerikanischen Panzer das Feuer. Als meine Tante nach einer längeren Feuerpause mit Familien aus der Nachbarschaft von ihrem Keller ins Freie ging, war ihr Haus bis zur Kellerdecke weg- und ausgebrannt. Im Garten lagen die teilweise verstümmelten Leichen von sechs deutschen Soldaten, mit denen sie noch vor Kurzem geredet hatte.

Nach Kriegsende machte sich meine Tante als Witwe – ihr Mann war schon lange vor dem Krieg gestorben – ans Werk, ihr Haus mit freundlichen Helfern, wieder aufzubauen. Sie wurde von vielen Bürgern unseres Dorfes für diese großartige Leistung bewundert. In diesem neu aufgebauten Hause verbrachte ich einen großen Teil meiner Kinderzeit bis zu meinem 14. Geburtstag. Den Konfirmandenanzug für mich hat sie aus einem Herrenflanellanzug geschneidert. Den Herrenanzug bekamen wir von einem vertriebenen Großgrundbesitzer aus Mecklenburg-Vorpommern geschenkt.

In den Jahren noch vor meiner Konfirmation war meine Mutter oft krank. Mehrere Operationen und ein offenes Bein machten ihr es oft unmöglich, richtig für meinen Bruder und mich zu sorgen. Diese Lücke füllte unsere gute Tante Lina aus. Sie war verlässlich, gerecht, gläubig, aber bestimmt. Es war schlecht möglich, ihr zu widersprechen. In ihrem Hause habe ich immer wieder auch übernachtet. Am Abend ging ich nie ohne gründliche Toilette ins Bett. Im Sommer nie später als 21 Uhr und im Winter um 20:30 Uhr. Für meine Tante galten die gleichen Zeiten. Ähnlich wie meine Mutter hielt sie zusammen mit mir eine Abendandacht mit Gebet. Nur bei ihr musste ich kein eigenes Gebet sprechen. Wenn die Tante zum Frühstück rief, war für sie der Arbeitstag schon lange angebrochen. Sie stand im Sommer um fünf Uhr auf und im Winter um 5:30 Uhr. Wenn ich zum Frühstück kam, war bei ihr schon etliches getan. Toilette, Kaffee kochen (Malzkaffee), Frühstück richten, Schulbrot belegen, eventuell Kartoffeln aufsetzen zum Kochen. Während Sie mit mir noch eine Tasse Kaffee trank, überlegte sie minutiös ihren Tagesablauf. Obwohl sich meine Tante längst im Rentenalter befand, teilte sie ständig neue Arbeitseinsätze ein. Oft für mehrere Tage in einer Woche bei Familien, die ihr Kleidung zum Verändern, Ausbessern oder Stoffe zur Neuanfertigung eines Kleidungsstückes bereithielten. Deshalb besprach sie mit mir, wie ich den Nachmittag auch alleine einteilen könnte. Sie vergaß nicht, noch einmal meine Hausaufgaben zu prüfen, ehe wir fast gleichzeitig

das Haus verließen. Jeder ging seinen Weg. Sie ging zum Nähen und ich in die Schule. Wenn ich bei meiner Tante logierte, hatte ich einen längeren Schulweg. Das Haus meiner Tante lag am Ende des Dorfes. Unser eigenes Haus lag im Zentrum direkt neben der Schule. Das hieß auch, anderes Wohnviertel, andere Freunde. Eine gute Abwechslung für mich. Gegenüber war ein Malergeschäft. Dort in Hof und Werkstatt war natürlich immer viel geboten. Kunden kamen und gingen. Ebenso im nächsten Haus. Dort befand sich die Wäscherei. Hier war für mich die Tochter interessant. Ich konnte es immer kaum erwarten, bis wir unsere monatliche »große Wäsche« dort abwickelten. Dann gab es zwischen der »Juniorchefin« und mir immer viel zu tuscheln und zu albern. Geheiratet habe ich sie nicht, aber weitläufig verwandt wurde sie doch noch eines Tages mit mir.

Nun schnell die Hausaufgaben angefangen. Die Tante würde nicht mehr lange auf sich warten lassen. So gut ich meine Tante Lina leiden mochte, Respekt hatte ich vor ihr mehr als vor meiner Mutter. Es wäre schlecht für mich gewesen, hätte ich meine Schulaufgaben nicht fertig, bis sie nach Hause kam. Später, nachdem die Tante ihren Malzkaffee aufgesetzt hatte und wir uns über dies und jenes austauschten, blickte sie über meine Hausaufgaben. »Schön geschrieben, Manfred, gutes Deutsch und fehlerfrei. Der Dreisatz im Rechnen ist jedoch nicht ganz richtig. Da hast du die Textaufgabe nicht richtig verstanden.« Messerscharf war ihr Verstand, und dem entging nichts. Einfühlsam erklärte sie mir den Text der Dreisatzaufgabe, so dass ich hinterher erleichtert war. Denn morgen in der Rechenstunde könnte so eine Aufgabe bei einer Klassenarbeit dran sein. Noch in der Nacht dachte ich darüber nach, warum eine über 70-jährige Frau so gescheit war. Es sollten noch Gelegenheiten kommen, die mir erneut zeigten, was diese Frau noch leisten konnte.

Das Ende der Schulzeit warf seine Schatten voraus. Nun stellte sich für mich die bange Frage, welchen Beruf ich ergreifen soll und wo es überhaupt Ausbildungsplätze gab. Am 31. März 1958 endete meine Volkschulzeit. Schon vorher, Mitte Januar, gab es die ersten Maßnahmen durch das Arbeitsamt. Dabei wurde ermittelt, was für die einzelnen Jungen und Mädchen am ehesten als Ausbildungsberuf geeignet wäre. In sogenannten Eignungstests wurde durch verschiedene praktische Aufgaben und mit einer schriftlichen Prüfung festgestellt, für welchen Berufszweig sich die Schülerin oder der Schüler am besten eignet. Bei mir lief die schriftliche Prüfung recht gut. Im praktischen Teil wurden uns Komponenten zum Aufbau einer kleinen Metallpumpe vorgelegt. Im besten Fall konnte man nach dem Zusammenbau mit einer Kurbel die Pumpe in Bewegung setzen. Das war sehr interessant anzusehen. Die Metallteile bewegten sich nach unten und wieder nach oben in einem gleichmäßigen Rhythmus. Als der Prüfer meine Pumpe in Bewegung setzte, fraßen sich die Teile meiner Pumpe sofort fest. »Oh, bei deiner Pumpe liegen fundamentale Aufbaufehler vor!« Dann machte er sich mit leicht gerunzelter Stirn kurze Notizen. Später wurden wir einzeln nach vorne gerufen. Ein Herr und eine Dame vom Amt gaben uns Bericht über das Ergebnis unserer Eignungsprüfung. Zuerst wurden die Mädchen gerufen. Die eine Schülerin sollte sich am besten als

Frisöse ausbilden lassen, die andere als Textilverkäuferin usw. Dann kamen die Jungs an die Reihe. Du wirst ein guter Maler, Elektriker, Schreiner, Werkzeugmacher usw. Dann war ich dran. »Wir empfehlen dir keinen der Berufe mit viel technischem Verständnis als Voraussetzung. Deine Schrift ist gut und auch dein Deutsch. Du wirst ein Schriftsetzer oder Buchdrucker, aber besser ein Schriftsetzer.«

Na ja, dachte ich, der Mann hat recht. Meine technischen Kenntnisse waren sicher nicht die besten. Obwohl, meine selbstgebauten Drachen gehörten zu denen, die sehr schön aufstiegen. Also Schriftsetzer. Ich sei zwar etwas klein, aber ich könne ja zunächst auf einem Kistendeckel stehen, um an die Buchstaben in der obersten Reihe des Setzkastens zu kommen. Das sagte mir der Prüfer mit einem leichten Lächeln. Was seine Empfehlung für meine berufliche Laufbahn auslöste, konnte er damals natürlich nicht wissen. Mit einem Empfehlungsschreiben verließ ich das Arbeitsamt. Heute Abend würde ich das Schreiben mit meiner Tante besprechen.

Als ich zu Hause ankam, lag auf dem großen Küchentisch ein Nachrichtenzettel: »Dein

Vesper habe ich gerichtet. Leider kann ich noch nicht hier sein. Ein Kleid soll dringend fertig werden, weil es eine Dame bei einer Hochzeit tragen möchte. Dann möchte ich im Anschluss gleich zu meinem wöchentlichen Frauentreffen in unsere Kirche gehen. Du musst also bis ca. 19:30 Uhr auf mich warten.« Ausgerechnet heute, wo ich eine so wichtige Neuigkeit mit ihr zu besprechen hatte. Gegen 19 Uhr legte ich mir ein Kissen auf das Fensterbrett. Nun konnte ich sehr weit die Straße einsehen und die Tante schon von oben begrüßen. Die Wohnung der Tante befand sich im Obergeschoss. Im Erdgeschoss wohnte ihr Sohn mit seiner Familie. Der Sohn war ein hoher Beamter. Kein Wunder, wenn seine Mutter schon so gut gebildet war. Zuerst schaute ich hinüber zur Wäscherei. Dort machte sich die Tochter zu schaffen, als sie mich am Fenster erblickte. Aber interessanter war das Treiben gegenüber beim Malergeschäft. Der Malermeister unterhielt sich lautstark mit seinen Kunden. Es ging wohl um eine Tapetenauswahl.

Hinter mir lag ein für mich anstrengender Tag. Das Warten auf meine Tante musste mich schläfrig gemacht haben. Gut, dass ein Kissen auf der Fensterbank lag, als mein Kopf nach unten sank. Vielleicht hatte ich von den Ereignissen des Tages geträumt, und ich stand womöglich schon am Setzkasten in einer Setzerei, als mir jemand unter dem Kissen gegen meinen Kopf und mein Gesicht stieß. Noch etwas benommen hörte ich meinen Namen rufen. Dann war ich wach. Unten auf dem Gehweg vor dem Haus stand der Malermeister von gegenüber, mit einer langen Holzstange in den Händen. Fast die ganze Nachbarschaft stand auf der gegenüberliegenden Straßenseite. Etliche riefen dem Maler aufgeregte Kommandos zu: »Etwas weiter links, ja, so weiter, jetzt aufpassen auf sein Gesicht!« Andere riefen so laut es ging meinen Namen. Jetzt erkannte ich endlich die Situation. Meine Tante Lina hatte wahrscheinlich ihren Hausschlüssel verlegt, und ihr Sohn war mit seiner Familie auf einer Geburtstagsfeier. Als sie am Hause ankam, rief sie etliche Male nach oben zu mir. Es half nichts, ich schlief gut. Da konnte nur noch der Malermeister von gegenüber helfen. Durch das ständige Rufen nach mir standen schließlich eine ganze Menge Nachbarn auf der gegenüberliegenden Straßenseite. Mit einem großen Applaus dankten sie nach der erfolgreichen Aufweckaktion dem Malermeister. Tante Lina war froh, als ich ihr die Haustüre öffnete. Es war mir natürlich peinlich im ersten Augenblick, als wir uns ansahen. Souverän hat die Tante die Situation beherrscht. Wir gingen zur Tagesordnung über. Oben in der Wohnküche am großen Tisch riet sie mir, dass wir das Ergebnis der Eignungsprüfung besser am nächsten Tag besprechen sollten. Mir war es auch lieber so.

In den nächsten Tagen notierte sich meine Tante die Druckereien, die in dem Merkblatt des Arbeitsamtes verzeichnet waren. Dort wurde jeweils ein Schriftsetzer- und ein Buchdruckerlehrling eingestellt. Die Tante besprach sich mit mir, um festzulegen, wann wir welche Druckerei besuchen. Die aufgeführten Druckereien hatten alle ihren Firmensitz in Heilbronn. An dem Abend, bevor wir am nächsten Tag die erste Druckerei aus unserer Liste zum Besuch auswählten, dankte meine Tante bei der Abendandacht unserem Gott, dass wir nun mehrere Möglichkeiten hatten, einen Ausbildungsplatz für mich zu finden. Kurze Zeit später wurden wir zu einem Rundgang durch die ausgewählte Druckerei eingeladen. Nach einem Einstellungsgespräch mit dem Firmenchef machten wir uns wieder auf den Heimweg. »Er will uns Bescheid geben«, sagte meine Tante zu mir, »darauf warten wir aber nicht. In diesen Schlamperladen kommst du mir keinesfalls. Unser erster Firmenbesuch war also gleich ein Reinfall. Hast du die große Unordnung in den Firmenräumen nicht gesehen?« Während des Rundgangs durch die Druckerei hatte der Firmenchef bemerkt: »Es freut mich, dass die Großmutter für den Enkel auf Ausbildungsplatzsuche geht.« Darauf Tante Lina: »Ich bin seine Großtante, die Mutter von Manfred befindet sich wieder mal im Krankenhaus. Für die heutige Aufgabe ist im Moment außer mir niemand greifbar.« Der Chef: »Sie machen das gut, es gibt nicht viele Frauen in Ihrem Alter mit so einem selbstsicheren Auftreten.«

Nun, die ganzen Komplimente halfen nichts. Der Laden war nach Meinung meiner Tante schlecht organisiert und schlampig. Jedoch die Ausbildungsplätze waren rar. Trotzdem bekam der von uns besuchte Unternehmer eine schriftliche Absage von meiner Tante. Gut formuliert natürlich. Zwei Adressen standen noch auf der Liste vom Arbeitsamt. Meine Tante schrieb an eine der verbleibenden Firmenadressen. Es war eine bekannte Großdruckerei. Sie bat um einen Vorstellungstermin für mich, der auch nach wenigen Tagen gewährt wurde. Im Antwort-schreiben der Firma wurde darauf hingewie-sen, dass für jeden Ausbildungsplatz zwei Bewerber eingeladen werden. Es werde eine kleine schriftliche Prüfung durchgeführt und in einem persönlichen Gespräch nach dem Stand der Allgemeinbildung gefragt. An-schließend entscheide der Chef zusammen mit seinem Betriebs- und Setzerei-Leiter, wel-cher der beiden Bewerber den Ausbildungs-platz bekommt. Es war vorgesehen, einen Buchdruckerlehrling, einen Schriftsetzer-lehrling und einen Buchbinderlehrling ein-zustellen. Am Abend vor dem kommenden Vorstellungstag sprach meine Tante lange mit mir. Sie hielt das Schreiben der Firma in der Hand und sagte zu mir: »Hier, das wäre ein Ausbildungsbetrieb für dich, das sehe ich schon an diesem Schreiben an uns. Dort wärst du sicher gut aufgehoben und würdest viel lernen. Kein Vergleich zu dem Schlamperladen von letzter Woche. Allerdings wird es dieses Mal nicht ganz so einfach werden. Wie aus dem Schreiben hervorgeht, hast du dort Konkurrenz. Aber du schaffst das.« Auch meine Mutter versprach mir beim letzten Krankenhausbesuch, dass sie fest an mich glaubt und für mich betet. Zum Abschluss unserer Abendandacht bat auch Tante Lina den himmlischen Vater im Gebet um gutes Gelingen bei der wichtigen Vorstellung in der Großdruckerei. Unser Termin war auf 15 Uhr angesetzt, deshalb konnte ich morgens noch zur Schule gehen. Auch mein Lehrer gab mir noch gute Ratschläge und sagte: »Du wirst es schaffen.« Wegen unserer besonderen familiären Situation, hatte mein Lehrer ein waches Auge auf mich. Nun war ich bestens präpariert. Neben ein bisschen Aufregung hatte ich sonst keine Bedenken vor dem Vorstellungsgespräch.

Um 15 Uhr wurden wir vom Druckereichef und seinem Betriebsleiter freundlich begrüßt. Auch hier gleich ein leichtes Schmunzeln, ausgelöst durch meine Begleitung. Aber über so eine Reaktion sah meine Tante gerne hinweg. Der Betriebsleiter führte alle Begleitpersonen in einen schönen Warteraum. Dort bei Kaffee und Hefezopf wartete meine Tante zusammen mit den anderen Begleitern, bis die sechs Ausbildungswilligen ihre beiden Prüfungen abgeschlossen hatten. Später, nach einer gemeinsamen Betriebsführung, würden wir die Ergebnisse unserer Prüfung erfahren. So lief es dann auch ab. Kleines Diktat, vier Rechenaufgaben und etliche Fragen zur Allgemeinbildung. Anschließend gab es zusammen mit den Begleitern der sechs Jungs eine Betriebsbesichtigung, die vom Chef selbst durchgeführt wurde. Meine Tante sagte während der Führung zu mir: »In einem so schönen und ordentlichen Betrieb hättest du bestimmt eine gute Ausbildung.« Das bestätigte später auch der Betriebsleiter, indem er sagte: »Unsere Lehrlinge schlossen bisher immer mit der Prüfungsnote eins oder zwei ab. Das ist bei uns hier schon fast Tradition.« Inzwischen hatte meine Tante bemerkt, dass ich der kleinste Bewerber unter den sechs Jungs war. Leise fragte sie mich: »Wie ist es gelaufen oben bei der Prüfung?« Ich sagte: »Gut. Das Ergebnis bekommen wir nachher im Einzelgespräch. Du darfst mit anwesend sein.« Sicher hatte die Tante inzwischen ein mulmiges Gefühl.

Die anderen Jungs waren stattlicher als ich, zwei hatten mittlere Reife und waren fast 16 Jahre alt. Ausgerechnet mein Mitbewerber als Schriftsetzerlehrling war ein Mittelschüler. Diese Informationen hatte meine Tante während der Wartezeit im Besucherzimmer herausgehört. Bestimmt schickte sie ein Stoßgebet nach oben. Sie wusste jetzt, dass es eng für mich werden würde. Und so kam es auch. Im Besucherzimmer warteten nun alle Beteiligten. Nacheinander wurden die sechs Anwärter zusammen mit ihrer Begleitung von einer Sekretärin abgeholt. Jetzt knisterte es förmlich im Raum. Alle spürten eine gewisse Anspannung. Die Buchbinder und Buchdrucker wurden zuerst hereingeholt. Dann wurde mein Mitbewerber abgeholt. Ich war also der Letzte. Als es so weit war, betrat ich zusammen mit meiner Tante einen schönen Besprechungsraum. Anwesend waren der Chef, seine Sekretärin, der Betriebsleiter und jetzt noch zusätzlich der Setzerei-Leiter. Der Chef eröffnete die Gesprächsrunde: »Nach den Unterlagen, die ich hier sehe, hast du die Prüfung bei uns gut hingekriegt. Du hast – obwohl du etwas klein bist – auch beim Gespräch mit unserem Betriebsleiter einen sehr sicheren Eindruck vermittelt.«

Der Chef konnte ja nicht wissen, dass ich bei Theaterstücken in der Kirche schon etliche Jahre schöne Rollen gespielt hatte. Auch wenn der Schulrat kam oder sonst etwas Besonderes in der Schule anstand, wurde ich angefragt, ein Flötenstück zu spielen. So einen Einsatz führte ich sehr gerne aus. Meine Flötenkenntnisse erwarb ich in unserer Kirche. Dort war der Unterricht interessant und auch noch kostenlos. Auch war ich Auftritte gewohnt. Nach den lobenden Worten des Firmeninhabers, so dachte ich, steht meinem Erfolg am heutigen Tage nichts mehr im Wege. Den Ausbildungsplatz habe ich sicher. So kam es nicht!

»Liebe Frau Feiler«, sprach der Firmenchef meine Tante an, »obwohl uns das Auftreten Ihres Großneffen Manfred gut gefallen hat, muss ich mich für seinen Mitbewerber entscheiden.« In diesem Moment wagte ich nicht, meine Tante anzusehen. Nach den Vorschusslorbeeren der Geschäftsleitung traf diese Aussage meine Tante bis ins Mark. Der Chef bemerkte natürlich die große Enttäuschung im Gesichtsausdruck meiner Tante. Schnell begann er, etwas umständlich seine Entscheidung zu begründen. Der Mitbewerber habe ein reiferes Alter, und weil er größer sei als Manfred, könne er die Buchstaben, die in den oberen Fächern der Setzkästen liegen, besser erreichen.

Meine Tante Lina hatte mit gestandenen Männern, Handwerkern und Helfern den Wiederaufbau ihres zerstörten Hauses gemeistert. Dort schon, als kleine, zierliche Schneiderin. Sich Respekt zu verschaffen und Gehör zu finden, zu verhandeln und nicht aufzugeben, brauchte sie nicht mehr zu lernen. Als meine Tante jetzt aufstand, war sie nicht wesentlich größer als im Sitzen. Aber das, was sie jetzt sagen wollte, konnte sie nicht im Sitzen sagen. Sie begann mit ruhiger, aber bestimmter Stimme und sagte: »Lieber Herr Firmeninhaber, Sie haben unserem Manfred ein gutes Zeugnis ausgestellt. Ich weiß, dass seine Deutschkenntnisse, Diktat und Aufsatz sehr gut sind. Gerade diese Kenntnisse sind für einen Schriftsetzer besonders wichtig. Soll ich jetzt im Krankenhaus der Mutter von Manfred sagen, er wurde nicht genommen, weil er zu klein ist? So eine Nachricht zu überbringen würde auch Ihnen schwerfallen. Ich denke, dass man diesen Mangel zunächst leicht überbrücken kann. Manfred ist noch im Wachstum. Bis er Geselle ist, hat er die richtige Größe erreicht.« Der Chef holte Luft und wollte etwas einwenden. So weit kam er nicht. Die Tante Lina machte sich noch wenige Zentimeter größer und sagte: »Ich gönne dem anderen Jungen natürlich auch einen guten Ausbildungsplatz. Er wird in jedem Fall einen bekommen. Nur hier bei Ihnen muss es nicht sein, unser Manfred wird Ihnen Freude machen. Wir stehen alle hinter ihm. Er ist lernbegierig und versteht es, im Team zu arbeiten. Außerdem ist er ein guter Turner, ein Musiker und Sänger.« Da hat sie recht, dachte ich. Schon über ein Jahr sang ich im gemischten Chor bei den Sopranistinnen mit. Der Chef, der, um endlich etwas einzuwenden inzwischen auch aufgestanden war, setzte sich wieder hin. Vielleicht dachte er, die »Ansprache« meiner Tante könnte womöglich länger gehen. Aber so war es nicht. Als die Tante den Satz mit dem Musiker und Sänger aussprach, ging die Türe auf. Der Eintretende entschuldigte sich, hielt dem Chef einen sogenannten Andruckbogen zur Ansicht hin mit den Worten: »Hier ist die Blauform der Drucksache, dafür sollte ich dringend von Ihnen die Druckfreigabe erhalten.« Während der Chef die Drucksache prüfte, sprach der Druckermeister meine Tante an und sagte: »Kennen wir uns nicht?« »Ja, natürlich«, sagte meine Tante, »Herr Lang, ich wusste nicht, dass Sie hier arbeiten. Vor Kurzem war ich bei Ihrem Konzert in der Kilianskirche. Es war ein Genuss, Sie sangen wunderschön.«

Herr Lang war neben seinem Beruf als Buchdruckermeister ein gefragter Bass-Solosänger. Auch über unsere Region hinaus wurde er zur Aufführung größerer Chorkonzerte gerne gebucht. Herr Lang fragte meine Tante: »Wie war doch gleich Ihr Name? Jetzt fällt er mir wieder ein, Sie sind es, Frau Feiler, wir haben uns ja auch schon nach Gottesdiensten miteinander unterhalten. Ja,

Frau Feiler, was machen Sie heute bei uns in der Firma? Möchte der junge Mann eine Lehre bei uns beginnen?« »Ja«, sagte meine Tante, »aber nicht als Buchdrucker, sondern als Schriftsetzer.« »Das würde mich freuen«, meinte Herr Lang. Meine Tante weiter: »Er singt auch schon im gemischten Chor bei den Sopranfrauen mit.«

Mit einem halben Ohr muss der Firmeninhaber einen Teil des Dialoges zwischen meiner Tante Lina und seinem Druckermeister mitgehört haben. Er stand auf, gab Herrn Lang den blauen Andruckbogen, versehen mit seiner Unterschrift als Okay, zurück. Dann wandte er sich an meine Tante und sagte: »Also, Frau Feiler, wenn Sie meinen besten Mann im Betrieb so gut kennen aus seiner Kirchengemeinde, dann glaube ich, ist das ein guter Grund Ihrem Manfred nun doch den Ausbildungsplatz als Schriftsetzer bei uns zu geben. Die christliche Einstellung, mit der unser Herr Lang seine Mitarbeiter in der Druckerei führt, wirkt sich positiv auf die ganze Firma aus. Zufriedene Mitglieder unserer Firmenfamilie tragen wesentlich zum Erfolg der ganzen Firma bei.«

Er sprach weiter zu mir: »Nun, Manfred, du musst dich anstrengen und gut mitarbeiten, dann wirst du bei uns eine sehr gute Ausbildung bekommen. Das bist du deiner Tante, unserem Herrn Lang und mir schuldig.« Artig antwortete ich: »Sie können sich auf mich verlassen.« »Mein Kompliment, Frau Feiler«, sagte der Chef weiter, »Sie haben alles gegeben, wenn Sie etwas jünger wären, hätte ich auch Sie bei uns angestellt.« Tante Lina lachte herzlich und bedankte sich nochmal. Beim Verabschieden versprach sie: »Herr Firmeninhaber, Sie werden es sicher nicht bereuen, Manfred wird ein guter Schriftsetzer.« Und so kam es dann auch. Die Gesellenprüfung bestand ich mit 93 von 100 Punkten. Am Vorstellungstag auf dem Heimweg sagte meine Tante zu mir: »Etwas aufgeregt habe ich mich schon, denn ich dachte, du bekommst den Ausbildungsplatz nicht. Merke dir es gut und denke immer daran, auch heute wieder hat unser guter Gott spät, aber noch rechtzeitig eingegriffen. In deinem Fall war der Herr Lang sein ›Bote‹.« Nein, diesen wunderbaren Ausgang meines Vorstellungstages habe ich nie vergessen.

Während meines ganzen Arbeitslebens durfte ich noch viele ähnliche Erfahrungen machen.

Wer an Wunder glaubt – der wird sich wundern!

Chorknabe95@mail.com – Die unglaubliche Geschichte zur E-Mail-Adresse

Nachdem ich mir einen Laptop angeschafft hatte, war ich PC-technisch ungefähr auf demselben Kenntnisstand wie andere Senioren. Auch ich war angewiesen auf die »Schulungen«, die die Kinder, wenn es ihnen zeitlich möglich war, mir zukommen ließen.

Als dann ein PC-Schnellkurs für Leute wie mich angeboten wurde, nutzte ich die Gelegenheit und meldete mich an. Im Laufe des Kurses ging es eines Abends darum, eine E-Mail-Adresse einzurichten. Das war für mich sehr überraschend. Man hätte sich zu Hause Gedanken machen können, wäre man informiert gewesen. Jetzt schnell eine gute Idee! Die meisten Kursteilnehmer hatten ihren eigenen Namen verwendet. Das wollte ich nicht. Aber was dann? Plötzlich schoss es mir in den Kopf, das Wort »Chorknabe«. Man sollte eventuell noch eine oder zwei Zahlen einbauen, meinte der Kursleiter. Also habe ich die Mail-Adresse entsprechend geändert. Später, als wir uns im Unterricht gegenseitig Mails zusandten, fragte ein mir bekannter Unternehmer: »Darf ich fragen, wer Chorknabe als Mail-Adresse gewählt hat?« Ich gab mich zu erkennen. »Ihre Adresse gefällt mir besonders gut«, bemerkte er.

Es ließ ihm keine Ruhe. Nach Kurs-Ende, auf dem Weg zum Parkplatz, wollte er noch wissen, wie ich zu dieser Mail-Adresse gekommen sei. In Kürze erklärte ich: »Es ist eine lange, weit zurückliegende Geschichte, die sich nicht schnell erzählen lässt. So viel nur, ich hatte als Kind den Wunsch, in einem der großen Knabenchöre, Chorknabe zu werden. Leider konnte meine Mutter mir diesen Wunsch nicht erfüllen. Diese Geschichte habe ich auch heute immer noch in meinem Kopf. Mit dieser Erklärung war der Mann zufrieden.

Die Erinnerung an den Anfang der Geschichte vom Chorknaben erlebte ich noch einmal 1984 in Alaska. Dort, während eines abenteuerlichen Treckings in der Wildnis von Zentral-Alaska, gab es manche Gelegenheit, in einer atemberaubenden Landschaft seinen Träumen nachzuhängen. Einmal lag ich mit meinem Begleiter auf einem Hochplateau in einem Meer von Wollgras. Über uns blauer Himmel. Es war Ende August. Tausende Kraniche zogen zu Übungsflügen in immer neuen Wellen über uns hinweg. Es waren Probeflüge vor dem großen Aufbruch nach Süden gleich Anfang September. Wer wie wir den endgültigen Abflug der Kraniche nach Süden erlebt hat, wird dieses Schauspiel nie wieder vergessen. Zu dem Zeitpunkt sind es dann keine Übungsflüge mehr. Aus den speisereichen sumpfigen Niederungen am Wonderlake, unterhalb der schneebedeckten Brooks Range und seiner höchsten Erhebung, dem Mount McKinley (6200 m), steigen die Kraniche auf. Bei bester Thermik gibt es von irgendwem das Kommando: »Heute geht`s los.«

Nicht wie bei den täglichen Übungsflügen, bei denen die Vögel für uns gut sichtbar auf einer mittleren Höhe bleiben, schrauben sie sich jetzt höher und höher. Sie haben irgendwann die für sie angenehmste Höhe erreicht.

Für den staunenden Beobachter sind die Kraniche jetzt viel kleiner als sonst zu sehen. Dann, wie wenn ein Kranich das Zeichen geben würde, beenden die ersten Vögel ihre kreisenden Flüge. In keilförmigen Wellen gibt es für die Kraniche dann nur noch eine Richtung, nach Süden.

Es war einer der Augenblicke in Alaska, der mir das Frösteln auf die Haut brachte. Ich war wie gefangen von diesem fast eine Stunde andauernden Schauspiel. Ich wusste, es wird in den nächsten Tagen Winter werden in Alaska. Nun gingen meine Gedanken an Orte, wo es angenehm und warm war.

Plötzlich erinnerte ich mich an meine Schulzeit. Mit drei Schulkameraden machten wir einen Streifzug durch unseren heimischen Wald. Ein Räuber- und Gendarmspiel war angesagt. Einer versteckte sich innerhalb eines gewissen Radius, und die anderen mussten den Räuber suchen. Als Räuber wusste ich schnell, welche Richtung ich im Wald einschlagen musste, um ein geeignetes Versteck zu finden. Ich kannte den Wald von vielen Spaziergängen und Wanderungen sehr gut. Etwas abseits vom Weg ging es in eine kleine Schonung. Dort standen die Tannen sehr dicht. Dazwischen dornige Brombeersträucher. Dann sah ich eine kleine freie Stelle. Vielleicht das Lager von Rehen oder Wildschweinen. Darauf ging ich rasch zu. Das ist der richtige Platz, dachte ich, hier finden mich die »Gendarmen« nicht so schnell. Ich war im Begriff, mich in diesem schönen »Nest« noch etwas zu tarnen, als mich helle Lichtstrahlen, die mich fast blendeten, in einen warmen und angenehmen Zustand versetzten. Diesen wohligen Zustand konnte ich mein Leben lang nicht mehr vergessen. Wie im Traum sah ich mich versetzt in eine große Kirche. Dort im Altarraum stand ein großer Chor und sang ein wunderschönes Lied. Der Dirigent dieses Chores war ich selbst. Wie lange ich diesen angenehmen Zustand erleben konnte, weiß ich nicht mehr.

Meine »Gendarmen« hatten mich gefunden. Jeder erzählte auf dem Heimweg von der Suche nach einem guten Versteck. Dabei gab es immer wieder viel zu lachen. Ja, ärmlich war sie, unsere Kindheit, aber schön. In den kommenden Abendstunden ging mir das Walderlebnis nicht mehr aus dem Kopf.

Bis zum Einschlafen bewegte mich dieser »Tagtraum« in der kommenden Zeit. Hatte ich mir die Geschichte vom Chorknaben – es war der Titel eines kleinen Buches, das ich bei der Weihnachtsfeier des Kindergottesdienstes geschenkt bekam – so zu Herzen genommen, dass ich jetzt so ein schönes »Walderlebnis« hatte? Sicher hat mein Kindergottesdienst-Leiter von meinem Wunsch, ein Chorknabe zu werden, gewusst. Für alle Kindergottesdienst-Kinder fand er zu jeder Weihnachtsfeier die passende Lektüre als Geschenk von der Kirche.

Zurück zum Wollgrasfeld in Alaska. Ich bemerkte nicht sofort, dass das Rufen der Kraniche aufhörte. Sie überflogen jetzt die grenzenlose Weite der Tundra Alaskas in den warmen Süden. Mein Partner erhob sich zuerst vom samtigen Boden des Wollgrasfeldes. »Wir müssen weiter, bis zu unserem Zelt sind es noch gut zwei Stunden Fußmarsch«, sagte er.

Mein Leben hatte einen wunderbaren Verlauf. Immer wieder durfte ich erleben, wie mein himmlischer Vater – zu dem ich schon als Kind ein gutes Verhältnis hatte –

meine Entscheidungen zum Guten geführt hat. Schon mit ca. zwölf Jahren durfte ich im gemischten Chor als Sopranist mitsingen. Gleichzeitig konnte ich etliche Jahre im Flötenchor Sopranflöte spielen. Dabei war unser größter Auftritt bei einer Allianzkonferenz in der Heilbronner Harmonie. Dann erlebte ich, wie mein Sohn Marco ein Musikstudium absolvierte mit Hauptfach Klavier. Unter seinem Dirigat durfte ich später große Werke von Bach, Mozart oder Mendelssohn Bartholdy als Bass-Sänger mitgestalten. Und als Musiklehrer hat er am Gymnasium große, preisgekrönte Musicals geleitet.

In dieser Zeit sang ich auch im »Liederkranz«, dem Männerchor meines Schwiegervaters. Dort lernte ich die schönen Wein- und Liebeslieder der weltlichen Musikliteratur kennen. Die gefühlvollen Männerchorsätze von Silcher und anderen, auch Mozart und Mendelssohn, waren in der dortigen Chorliteratur vertreten.

Zurück in Alaska. Das Abendbrot im Zelt am Wonderlake war schnell erledigt. Wir warteten sehnlichst auf eine Wetterlage, die es möglich machte, die Nordlichter zu erleben. Für heute Abend war so eine Wetterlage angesagt. Also schnell in den Schlafsack und dann vergebliche Versuche, noch ein paar Stunden zu schlafen. Wenn Nordlichter am Himmel auftauchen, das wissen wir, kann es oft schon 24 Uhr und später werden. Das Spektakel selbst geht etwa eine halbe bis dreiviertel Stunde. In Erwartung auf dieses Nacht-Highlight konnte ich keinen Schlaf finden.

Wieder ging mir mein heutiges Nachmittagserlebnis durch den Kopf. In meinem angenehm warmen Schlafsack – ein Produkt aus Schweden, geeignet bis 40 Grad Minus – erwachten wieder die Gedanken an mein wunderbares Erlebnis als Kind im heimatlichen Wald. Ich erinnerte mich an die Jahre, die meinem wohligen, unglaublich angenehmen Traum folgten. Chorknabe konnte ich nicht werden. Aber in vielen Situationen während Kindheit, Jugend und Erwachsensein fühlte ich diese beschützende Wärme, besonders vor schwierigen Entscheidungen.

Die Musik und der Gesang spielen bis heute eine große Rolle in meiner Familie. Mein Enkel Julian, ein Sohn von Marco, ist ein toller Klavierspieler. Auch meine Tochter Jana erlernte das Klavierspiel bis zu den hohen Schwierigkeitsgraden. Alle meine drei Kinder »mussten« Blockflöte lernen. Es ist das Instrument, das ich als Vater am besten beherrschte. Und mein Sohn Ruben, selbst kein Musiker, hat die Blockflöte am schönsten gespielt. Einem meiner Enkel durfte ich das Blockflötenspiel lehren, unserem Silas, ein Sohn von Marco. Nach ganz kurzer Lehrzeit konnte Silas als Neunjähriger zusammen mit mir in der Regel einmal im Monat in der Kirche auftreten. Unser Beitrag war jeweils ein Choral und anschließend ein Musikstück. Innerhalb von drei Jahren steigerte sich die Qualität unserer Musikliteratur bis zu Bach, Mozart, Vivaldi oder Corelli und Budstedt. Eine wunderbare Zeit. An meinen Traum im Wald dachte ich natürlich immer wieder. Der Dirigent, den ich in der großen Kirche sah, war vielleicht doch mein Sohn und nicht ich.

Im Männerchor meines Schwiegervaters lernte ich zwei Dirigenten kennen. In dieser Zeit war ich ein begeisterter Sänger. Bei manchen Gelegenheiten durfte ich auch solistisch auftreten. Das waren bewegende Momente für mich. Dann hatten wir plötzlich unseren Dirigenten nur noch wenige Wochen. Auch eine intensive Suche nach einem Ersatzdirigenten blieb erfolglos. Ich konnte nicht Klavier spielen, was eine Voraussetzung für einen Dirigenten sein sollte. Dirigieren konnte ich natürlich auch nicht. Auch beherrschte ich bei den Partituren nur den Violin-Schlüssel. Doch die Zeit drängte.

Da war wieder mein Traum. Ich sah mich als Dirigent und nicht meinen Sohn. Dann hatte ich eine Idee. Ich bastelte mir aus dünnem braunen Karton eine Art Kamm. Ich schnitt den Karton zur Hälfte so aus, dass ich ihn anschließend auf das Klaviermanual schieben konnte. Schließlich bezeichnete ich die Kartoneinschnitte mit der Note, wie sie im Bass-Schlüssel bezeichnet wird. Das war wichtig, um den richtigen Ton für jede Stimme den Sängern anzugeben. Auf diese Weise konnte ich jede Stimme mit ein paar Takten langsam auf dem Klavier vorspielen. Diese Mühe schadet ja nichts, dachte ich bei mir, auch wenn wir doch noch einen Dirigenten bekämen.

Es hat mich einige Überwindung geko-

stet, bis ich mich entschloss, meinen Sohn Marco zu fragen, ob er mir das Dirigieren vom Vierviertaltakt und vom Dreivierteltakt zeigen könnte. Zuvor schilderte ich ihm die schlechte Situation unseres Männerchores, was den Dirigenten betraf. Mein Sohn Marco hatte den Chor auch noch in guter Erinnerung. Während seiner Studienzeit hat er als Übergangsdirigent unseren Männerchor eineinhalb Jahre dirigiert. Er war aber doch überrascht, dass ich ihn frage, wie man dirigiert. Ich sagte: »Wenn wir keinen Chorleiter finden, mache ich den Vorschlag, dem Chor bei den Singstunden die Töne anzugeben. So könnten wir das Weiterleben des Liederkranzes ermöglichen.« Den Vorschlag fand er gut, und er gab mir die nötigen Ratschläge. Diese setzte ich zu Hause in Übungen um. Viel zu früh kam der Tag der letzten Übungsstunde mit unserem Dirigenten. Nach der Singstunde, beim gemütlichen Zusammensitzen der Sänger, war es an der Zeit, meinen Vorschlag zur Weiterführung der Singstunden unserer Vorstandschaft zu unterbreiten.

Nachdem die depressive Anfangsstimmung, auch mit Hilfe eines Viertel Weines, sich etwas aufhellte, sagte ich dem Vorstand, dass ich etwas mitzuteilen hätte, was die weiteren Singstunden des Chores beträfe. Jetzt war der Vorstand selber sehr gespannt, um was es mir ging. Vielleicht dachte er, ich hätte doch noch einen Dirigenten für unseren Chor gefunden. Er mahnte zur Ruhe und kündigte meinen Beitrag an.

Ohne große Spannung und Emotionen bat ich die Chorsänger, schon ab der nächsten Singstunde wieder pünktlich zur Chorprobe zu erscheinen. So kurz wie möglich und ohne ins Detail zu gehen, unterbreitete ich meinen Vorschlag, weiter mit dem Chor zu singen, dabei die Qualität der Interpretation der Stücke zu verbessern, solange wir keinen echten Dirigenten finden. Keiner der Sänger konnte sich vorstellen, plötzlich donnerstags zu Hause bleiben zu müssen. Auf das Singen und den gemütlichen Ausklang wollte keiner verzichten. Mein Vorschlag hatte die Zustimmung des Vorstandes und aller Sänger.

In der Woche bis zur nächsten Chorprobe suchte ich drei Lieder, passend zur Jahreszeit, heraus und stellte sie auf die Ablage an unserem eigenen Klavier. Ich versuchte, mit

Hilfe meiner selbstentworfenen Noten-Unterstützung, meines »Kammes«, die drei Anfangstakte der ausgesuchten Lieder anzuspielen. Wenigstens immer eine Stimme. Dann lernte ich, alle vier Stimmen einigermaßen so weit selber zu singen, dass ich diese Stimmen mit den dazugehörigen Sängern proben konnte. Dann übte ich auch das Angeben der richtigen Töne für alle vier Stimmen. Nun brauchte ich eigentlich nur noch die Arme zu heben und zu wedeln. Anfangen zu singen würden die Sänger sicher aus Gewohnheit.

Überrascht waren die Sänger dann doch, als sie bemerkten, wie sie – ganz aus Gewohnheit – meinem Dirigat folgten. Nachdem das erste meiner drei ausgesuchten Stücke ohne Probleme nach der dritten Strophe verhallte, gab es Beifall für mich. Das war mir peinlich. Schnell schoss es mir durch den Kopf, wie viel Zeit der Vorbereitung ich in Zukunft benötigen werde, viele weitere Stücke für die Chorproben vorzubereiten.

Jedenfalls, nach dieser ersten Singstunde mit mir als Übergangschor-Leiter war unser Vorstand der Meinung: »Wir machen weiter.« Ohne mein Wissen besprach sich die Vorstandschaft über die weiteren Schritte. Dazu gehörte auch eine kleine Aufwandsentschädigung für mich. Wir waren uns einig, die kommenden Singstunden dafür zu nutzen, den nächsten anstehenden Auftritt des Liederkranzes vorzubereiten.

Sakrales Liedgut war dafür nötig. In der Dorfkirche wurden beim Volkstrauertag während des Gottesdienstes zwei Lieder gesungen. Ein weiteres Lied, so wollte es die Tradition, wurde am Ehrenmahl für die gefallenen Soldaten der Kriege vorgetragen. Das war jetzt die große Herausforderung für mich. Ohne Instrument mussten die Töne für die vier Stimmen angegeben werden. Und dann, natürlich, folgte das Dirigat. Diesmal vor Publikum. Es gelang mir, mit den Sängern zwei neue Stücke zu lernen aus der Deutschen Messe von Franz Schubert. Die Auftritte waren gelungen, Sänger und Vorstandschaft sahen unseren Liederkranz auf einem guten Weg.

Je nach Jahreszeit tastete ich mich bei den Vorbereitungen zu den Chorproben in die umfangreiche, passende Chorliteratur ein. Wir wurden ein gutes Team. Die Auftritte hielten sich in Grenzen. Zumeist fanden sie in der Kirche, bei Seniorenfeiern der Gemeinde oder bei Sommerfesten des Chores statt. Für mich waren die Vorbereitungen zu den Singstunden sehr zeitraubend. Traditionell, wie in jedem Jahr, wurde wieder ein Chorausflug vorbereitet. Diesmal sollte es im September in meine Heimat ins Hohenloher Land gehen. Auf dem Programm stand auch eine Stadtführung durch Öhringen, mit Abschluss in der Stiftskirche. Dort war geplant, drei schöne kirchliche Chorsätze vorzutragen.

Die Sänger und auch ich waren im Vorfeld nicht besonders aufgeregt, denn es waren ja keine Kirchenbesucher am Samstag zu erwarten. Um den ersten Tenor zu verstärken, sagte mir mein Sohn Marco seine Unterstützung zu. Der Gedanke, dass ich als Laie meinen Sohn dirigieren sollte, löste sonderbare Gefühle bei mir aus. Die Stadtführung endete vor der Stiftskirche in Öhringen. Die Sänger und ihr familiärer Anhang begaben sich in den Kirchenraum. Alle waren von der mächtigen Ausführung des Kirchenschiffes und von der Weite des höherliegenden Altarraumes beeindruckt.

Nach einer kleinen Führung durch die Kirche war es dann so weit. Der Familienanhang setzte sich in die Kirchenbänke, und die Sänger machten ihre Noten zurecht. Inzwischen traf auch mein Sohn ein. Es gab ein Hallo, denn ein Großteil der Sänger kannte meinen Sohn aus der Zeit, als er den Männerchor ca. eineinhalb Jahre leitete. Meine Bedenken, dass ich als Laie dirigiere, schob er elegant zur Seite. Er meinte: »Der Auftritt wird den Sängern des Liederkranzes lange in Erinnerung bleiben.« Wie bei den großen Konzertauftritten der Stiftskantorei brachten sich nun die Sänger des Liederkranzes auf den Treppenstufen zum Altarraum in ihre gewohnte Position.

Dann wurde wie immer zunächst eingesungen. Es sollte jeder Sänger das ganze Volumen seiner Stimme beim Vortrag zum Ausdruck bringen können. Jetzt sprachen wir kurz die Reihenfolge der einzelnen Liedbeiträge ab. Nun lag es an mir, die richtigen Anfangstöne für alle vier Stimmen zu geben. Dann folgte ein gemeinsam gesungener Anfangs-Akkord. Die tolle Akustik des Kirchenraumes ließ diesen Akkord wunderschön erklingen.

Ich spürte die Wärme, die mich in meinem Waldversteck als zehnjähriger Junge umgab. Wieder sah ich mich wie damals in einer großen Kirche einen Chor dirigieren. Als ich meine Arme zum Einsatzton des Chores senkte, wurde mir bewusst, dass der damals geträumte Traum heute doch noch Wirklichkeit geworden war.

Ein weihnachtlicher Schreibmaschinenkurs. Erinnerung an »Stille Nacht« – Das ewige Lied ...

Berufsbedingt besuchte ich vor vielen Jahren einen Schreibmaschinenkurs. Die Schulungsräume der ausgewählten Kaufmännischen Privatschule befanden sich direkt am Marktplatz der Stadt. Es war Adventszeit. Beim Blick aus dem Fenster unseres Schulungsraumes konnte man von oben auf den riesigen Tannenbaum und auf die bunten Verkaufsstände schauen. Der ganze Marktplatz war weihnachtlich erleuchtet. Je dunkler es draußen wurde, umso heller erstrahlte der große Baum im Lichterglanz. Die Klänge der bekannten Weihnachtslieder, gespielt von einem Posaunenchor, erfüllten den Marktplatz und auch unseren Schulungsraum. Alle Kursteilnehmer waren angerührt und in vorweihnachtliche Stimmung versetzt.

Gerade diese Stimmung war es wohl, die unseren Schreibmaschinenlehrer dazu bewog, uns in zwei Fortsetzungen – zusätzlich zum Unterricht – eine Weihnachtsgeschichte vorzulesen. Er war ein kleiner, schwarzhaariger Mann mit einer Brille. Hinter den extra dicken Gläsern verbargen sich gütige Augen. So war auch sein Auftreten. Er redete mit uns Erwachsenen wie mit seinen 15-jährigen Schülern. Bevor er jedoch mit der Geschichte begann, beschrieb er die Landschaft und den Ort der Handlung sehr eindrücklich.

Nach einer kleinen Pause und mit einem Blick auf den strahlenden Tannenbaum las er »Stille Nacht, heilige Nacht«, den Titel der nun folgenden Geschichte. Während er die Handlung um die Entstehung des weltbekannten Liedes »Stille Nacht« vorlas, sah ich deutlich die schneebedeckten Alpen im Salzburger Land vor meinem geistigen Auge. Die professionelle Art, wie der Lehrer die verschiedenen Handlungen in der Geschichte beschrieb, machte es uns leicht, in den Ort des Geschehens einzutauchen. Jetzt sah ich deutlich die schneebedeckten Häuser in den Dörfern. Aus ihren Fenstern trat mattes

Licht in die schmalen weißen Gassen, die nur schwach erleuchtet waren.

In diesem Moment ging mein Blick zurück in meine Kindheit. Die Vorweihnachtszeit war bei uns im Kindergottesdienst immer sehr spannend und aufregend. Unser Kindergottesdienst-Leiter »Onkel Jakob« hatte uns Kindern mitgeteilt, dass wir zur diesjährigen Kinderweihnachtsfeier nur ein paar Gedichte vortragen werden. Außerdem würden wir noch zwei oder drei Weihnachtslieder mit Flötenbekleidung singen. Das weihnachtliche Theaterstück jedoch sollte in diesem Jahr mit den Erwachsenen aufgeführt werden. »Ihr Kinder dürft dabei ganz unbeschwert in der ersten Reihe sitzen. Dann könnt ihr in aller Ruhe schön hören und sehen, wie das Lied ›Stille Nacht, heilige Nacht‹ im salzburgischen Ort Oberndorf entstanden ist«, erklärte uns Onkel Jakob.

Das war's doch, diesmal mussten die Älteren ihre Texte gut lernen, damit sie während der Aufführung nicht »hängen« bleiben. Schade, gerade jetzt war unser Schreibmaschinen-Lehrer mit dem ersten Teil der Geschichte von der Entstehung des Liedes »Stille Nacht« am

Ende. Den zweiten Teil der interessanten Geschichte wollte er uns kurz vor Heilig Abend vorlesen. Noch einmal blickte ich hinunter auf den weihnachtlichen Marktplatz. Draußen war es mittlerweile ganz dunkel geworden. Hell strahlte die große Tanne ihr warmes Licht in den Nachthimmel über der Stadt.

Meine Gedanken gingen dabei wieder zurück zur Kinderweihnachtsfeier in unserer Kirche. Dort war man bei dem Teil des Theaterstückes angekommen, wo eine Stimme aus dem Hintergrund dem Hilfspfarrer Joseph Mohr stockend den Text vom Lied »Stille Nacht« einflüsterte. Eine Woche später – wieder zurück beim Schreibmaschinenkurs – lauschten wir gespannt dem zweiten Teil der schönen Geschichte. Der Lehrer imitierte besonders treffend die Personen, die an der Geschichte beteiligt sind. Jetzt ging mein Blick wieder zurück zur Kinderweihnachtsfeier. Ich hörte die Flöte, die aus dem Vorraum der Kirche die Melodie des Liedes »Stille Nacht, heilige Nacht« leise und unterbrochen anspielte. Im Kirchenraum hätte man eine Stecknadel fallen hören, so still war es. Wir Kinder und auch alle anderen Gottesdienstbesucher er-

lebten jetzt, wie der Lehrer, Mesner und Orgelspieler Franz Xaver Gruber die heute weltbekannte Melodie komponierte. Einzelne von uns Kindern – weil sie die Melodie längst kannten – wollten dem Schauspieler helfen und summten in Richtung Bühne. Der Kindergottesdienst-Leiter legte den Finger an den Mund und mahnte zur Ruhe.

Zurück zum Schreibmaschinen-Lehrer. Er kam nun ans Ende der Geschichte um die Entstehung des Liedes »Stille Nacht«. Für seine besonders gut vorgetragene Lesung gab es von uns Kursteilnehmern einen lang anhaltenden Applaus. Die Stimme des Lehrers und auch den Blick von oben auf den weihnachtlichen Marktplatz habe ich bis heute nicht vergessen.

Auch in meiner Kirchengemeinde bei der Kinderweihnachtsfeier neigte sich das Theaterstück seinem Ende zu. Die Kirchenfenster waren inzwischen kräftig beschlagen. Draußen lag Schnee, und es war frostig kalt. Der große Kanonenofen, mit Holz und Kohle geschürt, verbreitete eine wohlige Wärme. Jetzt bildeten wir Kinder zusammen mit den Theaterspielern im Altarraum einen großen Halbkreis. Unter der Anleitung von Onkel Jakob sangen wir gemeinsam die erste Strophe vom Lied »Stille Nacht, heilige Nacht«, ich glaube, so schön wie noch nie! Dann stand die ganze Gemeinde auf, und alle sangen zusammen mit Harmonium und Flöten die restlichen Strophen. Nach einer kleinen Pause brandete ein großer Beifall auf, für die Schauspieler und für die Kindergottesdienst-Kinder. Das waren Momente, an die sich ein Schüler der Kinderkirche ein Leben lang erinnert.